ワールド・モン

KUMAMON IN THE WORLD

くまモン ワールド・モン製作委員会

毎日新聞出版

Paris……France

TABAC
OUVENIRS OF PARIS
MEMORY CARD
FILM KODAK
GLOBE

Paris

France

Paris

France

Citoyen d'Honneur
Kumamon

MEUBLES &
DECORATION
Hummel
ARTISAN DE MEUBLES ET SIEGES
FABRICATION SUR MESURE
ATELIER
PAUL
HORAIRES
06 09 91 11 82
BIENVENUE AUX CLIENTS DES
ATELIERS
BON SECOURS
SOLDES
ATELIER
PAUL
MEUBLES
TOUS STYLES
CANAPES
BIBLIOTHEQUES
COMPOSABLES
LIT GIGOGNE
BIENVENUE
AUX CLIENTS DES
ATELIERS
BON SECOURS
ENTREE LIBRE
BIENVENUE AUX CLIENTS DES
ATELIERS BON SECOU
MERCADIER
Le
Mano
de
Gille
COPIE D'ANC
MEUBLES MA
FAUTEUI
ici
SPÉCIALIS
A VOS

Paris

France

Paris

France

First trip to EUROPE 2013

JAPAN EXPO

Baccarat

MINI

Steiff

Kumamon in the world
MotoGP
Field Trips
France
MOTUL
EUROSPORT
Repsol Honda Team
HONDA
One HEART.
REPSOL
26
HRC

BRNO
CIRCUIT

Cannes……France

Cannes

France

CINEMA
CANNES

Mont Saint-Michel……France

Reims……France

Mondial

11
CV-771-LF

SORTIE

Lyon……France

Lyon

France

PAUL BOCUSE

Provence……France

Provence

France

L'OCCITANE
EN PROVENCE

Beaujolais……France

Beaujolais

France

Bordeaux……France

Kumamon in the world
Le Creuset
Field Trips
France

LE CREUSET

LE CREUSET

Barcelona……Spain

Barcelona

Spain

Valencia……Spain

London……England

London

England

THE NATIONAL GALLERY
THE NATIONAL GALLERY
THE NATIONAL GALLERY

MITSUBISHI ELECTRIC
Changes for the Better
祭
JapanMatsuri
2014
CUNNINGHAM

24

SPITALFIELDS

London

England

Kumamon in the world
Leica
Field Trips
Germany

Heidelberg……Germany

Calippo
Slush
MIX DEINE LIEBLINGS-VARIANTEN!
HIER
erhältlich!
GENIEßE DEINEN CALIPPO SLUSH!

Heidelberg

Germany

Milan……Italy

DE ROSA

DE RO
KUMAMON

Monte Carlo……Monaco

55

ozokumon! Hamarumon! Noborumon! Nozokumo

okumon! Hamarumon! Noborumon! Nozokumon!

ozokumon! Hamarumon! Noborumon! Nozokumo

Hamarumon! Noborumon! Nozokumon! Hamaru

marumon! Noborumon! Nozokumon! Hamarumo

Hamarumon! Noborumon! Nozokumon! Hamarum

Bangkok……Thailand

Bangkok

Thailand

Ayutthaya…… Thailand

Singapore

OUE

Shanghai……China

Shanghai

China

Cambridge……USA

JOHN HARVARD
FOUNDER

Boston……USA

Boston

USA

Champions
RED SO
BOSTON

VIDIEN
EST. 1912

San Antonio……USA

SPURS
2015

San Antonio

USA

New York……USA

H&M
THE HOTTEST SHOW OF THE YEAR!
Kinky Boots
1540 BROADWAY
W 46 ST
ONE WAY
HOBBIT

Exhilarating Riveting & Hilarious!
SOUL DOCTOR
A NEW BROADWAY MUSICAL
H&M
A NETFLIX COMEDY SPECIAL
LAMAR
8 TONY AWARDS
BEST MUSICAL
Once
NOTHING MOVES LIKE
NEWSIES
ON BROADWAY
Cinderella
DIGITAL

Hankook
driving emotion
moto X
THOUSANDS OF WAYS TO CUSTOMIZE YOUR PHONE
UFC
ONE WAY
W 46 ST
AEROPOSTALE

くまモン海外出張　初上陸のあしあと

2011 年 5 月　韓国

2012 年 1 月　中国

2012 年 3 月　台湾　シンガポール

2013 年 1 月　香港

2013 年 7 月　フランス　ドイツ　イギリス

2013 年 8 月　タイ

2013 年 11 月　アメリカ

2015 年 1 月　インドネシア

2015 年 5 月　スペイン

2015 年 10 月　イタリア

2016 年 3 月　マカオ

2016 年 12 月　マレーシア

2017 年 4 月　モナコ

主に熊本県のPRを目的に渡航。
2016年の熊本地震発生以降は復興支援のお礼も加わった。

撮影・企画　宮井正樹
編集　亀山早苗
菊地香（サンデー毎日編集部）
デザイン　天野昌樹
校正　加藤初音（駿河台企画）
英文監修　結城かほる
協力　熊本県

ワールド・モン
KUMAMON IN THE WORLD

印　刷　2018年3月　1日
発　行　2018年3月15日
編著者　くまモン ワールド・モン製作委員会
発行人　黒川昭良
発行所　毎日新聞出版
〒102-0074 東京都千代田区九段南1-6-17千代田会館5階
電話 03-6265-6941（営業部）
電話 03-6265-6741（サンデー毎日編集部）

印刷・製本　光邦

ISBN978-4-620-32504-0

San Antonio……USA